# BUDAPEST

Copyright © 2019

ISBN: 9781070124100

Dieses Reisetagebuch gehört

_____

Meine **BUDAPEST** Reise

_____ bis _____

## Vorwort

Es freut uns sehr, dass du dieses *JetLagJournals Reisetagebuch* in deinen Händen hältst. Auf deiner Reise wird es ein treuer Begleiter sein!

Hier ein paar Informationen zu diesem Tagebuch, denn es ist in drei Bereiche aufgegliedert:

Der erste Bereich dreht sich um die Zeit VOR deinem Reiseantritt.

Der zweite Teil beginnt mit einem Inhaltsverzeichnis. Von Seite 10 bis Seite 100 hast du die Möglichkeit, frei deine Gedanken WÄHREND deiner Reise niederzuschreiben. Auf jeder Seite gibt es eine Zeile für einen Datumseintrag, damit du die Erlebnisse zeitlich besser zuordnen kannst.

Ab Seite 101 konzentrierst du dich auf bestimmte Bereiche zu deiner Reise. Durch die Fragen kannst du dir intensiver zu bestimmten Themen Gedanken machen und deine Erfahrungen niederschreiben.

Dieses Tagebuch hilft dir, deine Reiseerlebnisse zu verewigen und auf sie zuzugreifen, wann immer du es möchtest.

Hab eine schöne Zeit in BUDAPEST!

## Worauf ich mich am meisten freue

- _____
- _____
- _____
- _____
- _____
- _____
- _____

## Was ich vor meiner Reise erledigen muss

- [ ] _____
- [ ] _____
- [ ] _____
- [ ] _____
- [ ] _____
- [ ] _____
- [ ] _____

# Packliste

- [ ] _____
- [ ] _____
- [ ] _____
- [ ] _____
- [ ] _____
- [ ] _____
- [ ] _____
- [ ] _____
- [ ] _____
- [ ] _____
- [ ] _____
- [ ] _____
- [ ] _____
- [ ] _____
- [ ] _____

## Was ich in BUDAPEST unbedingt sehen muss

---
---
---
---
---
---
---

## Was mir von anderen empfohlen wurde

---
---
---
---
---
---
---

Hinreise

Rückreise

## Unterkunft

## Sonstiges

## Wichtige Adressen und Rufnummern

Name          _____

Anschrift     _____

Telefon       _____

Email         _____


Name          _____

Anschrift     _____

Telefon       _____

Email         _____


Name          _____

Anschrift     _____

Telefon       _____

Email         _____

## Letzte Notizen vor der Abreise

# Auf Geht's!

## Inhaltsverzeichnis

| Seite | Inhalt |
|-------|--------|
|       |        |
|       |        |
|       |        |
|       |        |
|       |        |
|       |        |
|       |        |
|       |        |
|       |        |
|       |        |
|       |        |
|       |        |
|       |        |
|       |        |
|       |        |
|       |        |
|       |        |
|       |        |

# Inhaltsverzeichnis

| Seite | Inhalt |
|-------|--------|
|       |        |
|       |        |
|       |        |
|       |        |
|       |        |
|       |        |
|       |        |
|       |        |
|       |        |
|       |        |
|       |        |
|       |        |
|       |        |
|       |        |
|       |        |

_____

_____
_____
_____
_____
_____
_____
_____
_____
_____
_____
_____
_____
_____
_____

_____

_____
_____
_____
_____
_____
_____
_____

_____

_____

_____
_____
_____
_____
_____
_____
_____
_____

## Interessante Menschen, die ich getroffen habe

## Meine Gedanken über die Kultur

# Meine Gedanken über Natur, Landschaft, Kunst und Architektur

## Meine Gedanken über das Wetter

## Meine Gedanken über das Essen

## Was an meiner Reise gut war

## Was an meiner Reise nicht so gut war

# Bewertungen

**Bewertung über** _____

☆ ☆ ☆ ☆ ☆

_____
_____
_____
_____
_____

**Bewertung über** _____

☆ ☆ ☆ ☆ ☆

_____
_____
_____
_____
_____

## Bewertungen

Bewertung über _____

☆☆☆☆☆

_____

_____

_____

_____

_____

Bewertung über _____

☆☆☆☆☆

_____

_____

_____

_____

_____

## Bewertungen

Bewertung über _____

☆☆☆☆☆

_____
_____
_____
_____
_____

Bewertung über _____

☆☆☆☆☆

_____
_____
_____
_____
_____

Meine Lieblingssehenswürdigkeit

Mein Lieblingsrestaurant

Gericht, das mir am meisten geschmeckt hat

Getränk, das mir am meisten geschmeckt hat

Worte und Sätze, die ich oft gehört habe

Was ich vermissen werde

## Was sonst noch nennenswert ist

_____

_____

_____

_____

_____

_____

_____

_____

_____

_____

_____

Würde ich wieder nach **BUDAPEST** reisen?

Ja ☐     Nein ☐     Vielleicht ☐

# Die schönsten Erinnerungen aus meiner Zeit in **Budapest**

_____

_____

_____

_____

_____

_____

_____

_____

_____

_____

_____

_____

_____

_____

Platz zum Einkleben von Fotos und Eintrittskarten

**Platz zum Einkleben von Fotos und Eintrittskarten**

Folge uns auf Instagram!

**jetlagjournals_de**

Teile deine Urlaubsbilder zusammen mit deinem Reisetagebuch und inspiriere andere!

Markiere uns auf Instagram, um auf unserer Seite gefeatured zu werden!

#jetlagjournals_de

JetLagJournals · Reisetagebücher vertreten durch SD International Inc.
11227 162A Ave · T5X 1Z9 Edmonton · Kanada ·
sd.international.inc@gmail.com

Dieses Werk mit all seinen Inhalten ist urheberrechtlich geschützt. Jegliche Verwertung außerhalb des Urheberrechtsgesetzes ist ohne Zustimmung nicht gestattet. Dies gilt besonders für Vervielfältigungen, Übersetzungen, Verarbeitung und öffentliche und elektronische Zugänglichmachung.

Printed in Poland
by Amazon Fulfillment
Poland Sp. z o.o., Wrocław

32701186R00069